Pascale Hédelin
Nikol

LA COCCINELLE

MILAN

Quelle activité dans la prairie !
Une foule de petites bêtes se promènent
de fleur en fleur. Parmi elles, il y a une coccinelle.

La coccinelle n'apparaît qu'à la belle saison, quand il fait beau et doux. Car elle a besoin de chaleur pour vivre.

La coccinelle est un insecte.
Elle a six pattes, quatre ailes
et deux antennes.

Ses deux ailes du dessus, les élytres,
sont rouges avec sept points noirs.
Elles sont solides et bien lisses.

Les élytres forment une carapace toute ronde qui protège la coccinelle. Ses pattes griffues sont pratiques pour s'accrocher aux plantes.

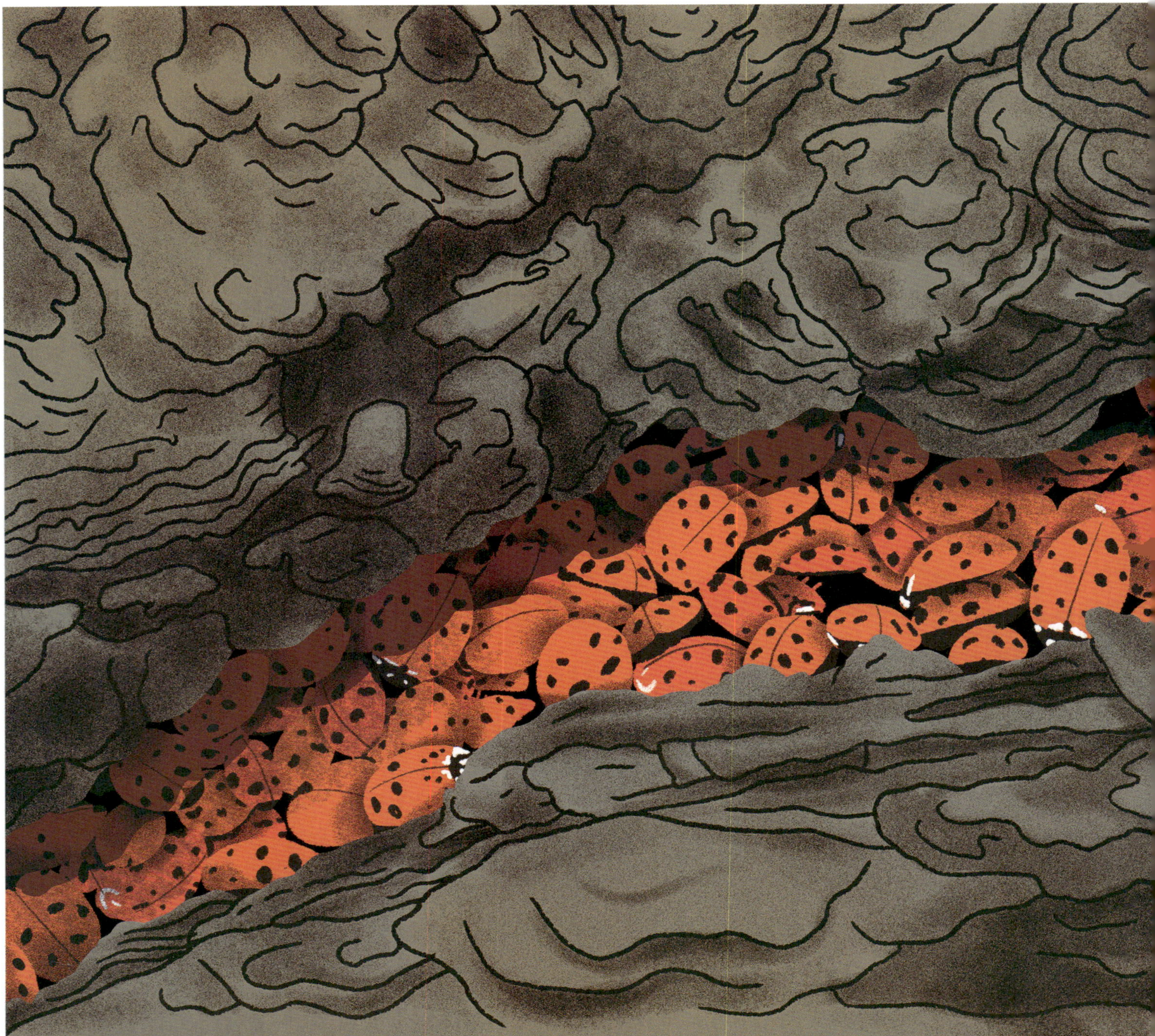

La coccinelle vit seule. Mais, quand viennent l'automne et le froid, elle se faufile avec d'autres coccinelles sous l'écorce d'un arbre, dans la fente d'un rocher ou sous un volet.

Là, bien à l'abri, les coccinelles hivernent ensemble jusqu'au printemps.

C'est le printemps, la coccinelle se réveille. Elle a faim. Elle explore les plantes.

Avec ses gros yeux à facettes, elle distingue les formes, les couleurs et tout ce qui bouge.

La coccinelle communique avec les autres coccinelles : en dégageant des odeurs, elles se transmettent des messages.

Bzzzz ! une abeille bourdonne. La coccinelle l'entend avec ses antennes. Elle s'en sert aussi pour toucher ce qui l'entoure et capter les odeurs.

La coccinelle n'a rien trouvé à grignoter. Elle va chercher ailleurs et s'envole. Elle soulève ses élytres, déplie ses fines ailes au-dessous et les fait battre très vite. Vrrrrr !

Affamée, la coccinelle atteint un jardin fleuri.
Là, elle récolte un peu de pollen. Mais elle recherche plutôt
des papillons, des mouches, des cochenilles, et surtout des pucerons.

Justement, sur ce rosier,
il y a plein de pucerons !

Elle les saisit entre ses mandibules et en dévore trois d'un coup. Miam ! Elle adore ça.

Mais attention ! Les fourmis défendent les pucerons.
Elles les protègent car elles raffolent du liquide sucré qu'ils rejettent.

Aïe ! Les fourmis attaquent
la coccinelle en la pinçant.

La coccinelle se défend en dégageant
un liquide jaune qui sent très mauvais.

Après cette bataille, la coccinelle a soif.
Une simple goutte d'eau lui suffit.

Un moment important se prépare : il est temps pour la coccinelle de se reproduire. Attiré par son odeur, un mâle tournicote en volant autour d'elle. Puis il se pose à ses côtés.

Hop ! le mâle grimpe sur la femelle.

Mais ce n'est pas facile :
il glisse sur son dos lisse et rond !

Enfin ils s'accouplent.

Puis le mâle repart. Il va faire la même
chose avec plusieurs femelles.

Quelques semaines plus tard, la femelle repère
une nouvelle colonie de pucerons à l'abri du vent.

Sur les feuilles de cette plante,
elle pond quarante petits œufs jaunes.

Cinq jours plus tard, les bébés sont nés !
Ce sont des larves, très différentes des adultes.

L'une des larves grignote
l'enveloppe de son œuf.

Puis la larve engloutit les œufs
contenant ses frères et sœurs !

Elle en a besoin pour prendre des forces.

La larve a une faim de loup, elle dévore aussi les pucerons.
Elle va en manger des dizaines chaque jour !

La maman a été prévoyante de pondre près des pucerons.
Car elle ne s'occupe pas de ses bébés, ils se débrouillent seuls.

La larve grossit rapidement. Très vite, sa peau devient trop serrée
et se détache pour en laisser apparaître une plus grande.
La larve va ainsi muer quatre fois en trois semaines.

Un mois a passé. La larve s'est collée à une tige. Plus question de bouger ni de manger !

Son corps se transforme à l'intérieur. Puis, au bout d'une semaine, sa peau craque…

… et elle sort métamorphosée : la voilà devenue adulte, jaune… et toute fripée !

La coccinelle se sèche au soleil. En quelques heures, elle durcit et devient rouge à points noirs.

Les petites coccinelles vont pouvoir maintenant s'envoler pour explorer les jardins, les forêts, les montagnes et même les bords de mer !

la coccinelle en danger

La coccinelle est utile : elle débarrasse les plantes des pucerons qui sucent leur sève. Mais des dangers la menacent…

Les produits chimiques, que répandent les agriculteurs ou les jardiniers pour protéger leurs plantations, sont des poisons pour elle et les autres insectes.

Cachée dans la haie, la fauvette l'a repérée. D'un coup de bec, elle saisit la coccinelle pour la manger.

Immobile dans l'herbe, la mante religieuse observe tout. Soudain, elle déploie ses pattes griffues pour capturer sa proie.

La guêpe est capable de saisir la coccinelle en vol. Inutile de piquer sa proie, qui ne peut pas se défendre !

Attention ! Si la coccinelle se pose sur cette fleur sans remarquer l'araignée qui la guette, elle risque d'être dévorée.

les différentes coccinelles

Les coccinelles font partie du groupe des coléoptères.

Trois mille espèces de coccinelles vivent dans le monde, dont une centaine en France.

Leurs couleurs et leur nombre de points sont variés : jaunes avec vingt-deux points noirs, roses à seize points noirs, noires à points rouges, ou encore toutes rouges sans point !

La coccinelle asiatique, amenée d'Asie par les hommes, envahit certaines régions. Elle menace les autres coccinelles car elle dévore leurs larves.

1

La coccinelle se réveille…

A – au printemps
B – en automne
C – en été

2

La coccinelle appartient au groupe des…

A – papillons
B – coléoptères
C – coccinellus

3

Les ailes du dessus de la coccinelle s'appellent…

A – les élans
B – les écailles
C – les élytres

4

La coccinelle se régale de…

A – pucerons
B – guêpes
C – chenilles

QUIZ

5

Après sa mue, la coccinelle est de couleur…

A – verte
B – jaune
C – bleue

6

Pour entendre, la coccinelle utilise…

A – ses yeux
B – ses antennes
C – ses points noirs

7

Les coccinelles se transmettent des messages grâce à…

A – des dessins
B – leurs ailes
C – des odeurs

8

Les coccinelles peuvent être empoisonnées par…

A – les fourmis
B – la pluie
C – les pesticides

Réponses 1A - 2B - 3C - 4A - 5B - 6B - 7C - 8C

Dans la même collection :

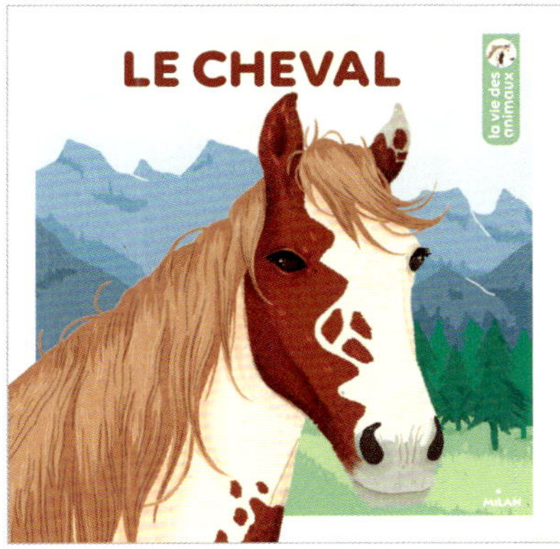

editionsmilan.com

Loi 49-956 du 16 juillet 1949 sur les publications destinées à la jeunesse.
ISBN : 978-2-4080-0735-5 • Dépôt légal : 1er trimestre 2019 • Imprimé en Roumanie par Canale.